Kommunale Sportentwicklungsplanung. Bau, Finanzierung, Betrieb und Vermarktung von Sportstätten

Bibliografische Information der Deutschen Nationalbibliothek:

Die Deutsche Nationalbibliothek verzeichnet diese Publikation in der Deutschen Nationalbibliografie; detaillierte bibliografische Daten sind im Internet über http://dnb.d-nb.de abrufbar.

ISBN: 9783346283139
Dieses Buch ist auch als E-Book erhältlich.

© GRIN Publishing GmbH
Nymphenburger Straße 86
80636 München

Druck und Bindung: Books on Demand GmbH, Norderstedt Germany
Gedruckt auf säurefreiem Papier aus verantwortungsvollen Quellen

Das vorliegende Werk wurde sorgfältig erarbeitet. Dennoch übernehmen Autoren und Verlag für die Richtigkeit von Angaben, Hinweisen, Links und Ratschlägen sowie eventuelle Druckfehler keine Haftung.

Das Buch bei GRIN: https://www.grin.com/document/947579

Inhaltsverzeichnis

1 Sportanlagen- und Sportstättenbau

In der nachfolgenden Aufgabe werden zwei verschiedene Techniken auf ein Beispiel angewandt, um den geplanten zeitlichen Ablauf eines Projektes grafisch darzustellen.

Die Einhaltung dieser Zeitpläne ermöglicht eine effiziente und erfolgreiche Planungs- und Durchführungsphase des Neubaus einer Sporthalle und kann der „Explosion" der Bau- und Planungskosten durch zeitliche Verzögerung entgegenwirken.

Zunächst werden die einzelnen Arbeitsschritte mit Hilfe der PLANNET-Technik übersichtlich dargestellt. Die Vorteile im Vergleich zu einfacheren Techniken liegen darin, dass hier terminliche Abhängigkeiten, sowie Pufferzeiten mitberücksichtigt werden. Allerdings eignet sich die PLANNET-Technik hauptsächlich für kleinere, weniger komplexe Projekte mit wenig Vernetzungen der Arbeitsschritte untereinander.

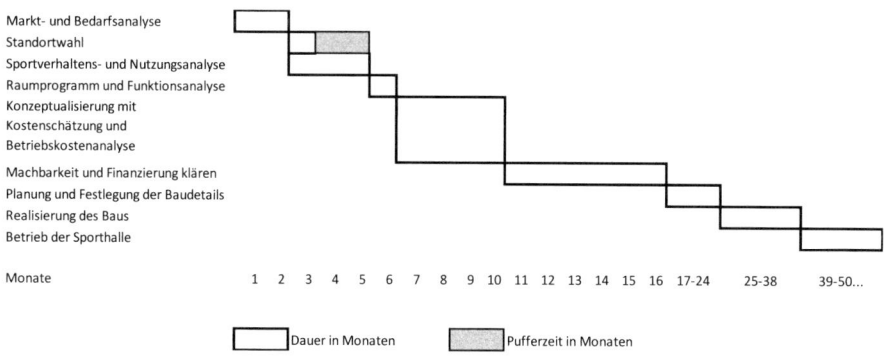

Abb. 1: PLANNET-Technik

Im Vergleich zur vorherigen Darstellung ist es mit der sogenannten Netzplan-Technik möglich, komplexere Projekte mit deutlich mehr Arbeitsschritten logisch darzustellen. Die Pfeile stehen bei dieser Methode für die Tätigkeiten und die Kreise für die dadurch zu erreichenden Ereignisse. Abhängigkeiten verschiedener Ereignisse können sehr gut deutlich gemacht werden.

2

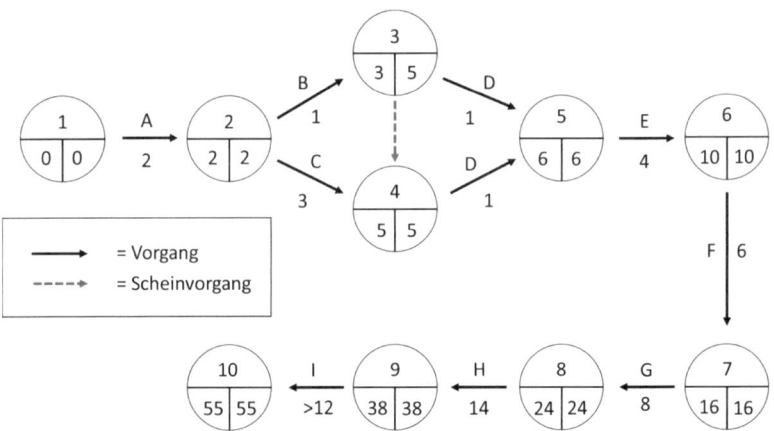

Abb. 2: Netzplan-Technik

Aus Abb. 2 lässt sich an Ereignisnummer 9 erkennen, dass frühstens nach 38 Monaten der Analyse, Planung und des Baus mit dem Betrieb der Sporthalle begonnen werden kann.

2 Kommunale Sportentwicklungsplanung

2.1 Grundformel zur Berechnung des Sportstättenbedarfs

Im Rahmen der Bedarfsbestimmung zu einer neuen Sportanlage gibt es generell drei verschiedene Ansätze, um herauszufinden, was die bestmögliche Lösung eines Neubaus für die Kommune darstellt. Im Folgenden werde ich die Grundformel zur Berechnung des Sportstättenbedarfs näher betrachten und erläutern. Diese Formel ist der Variante der „Sportverhaltensorientierten Bedarfsbestimmung" zuzuordnen. Die beiden weiteren Möglichkeiten sind die „Richtwertbezogene" und die „kooperative" Bedarfsbestimmung, auf welche ich im Folgenden allerdings nicht näher eingehen werde.

$$\frac{\text{Sportbedarf (Sportler x Häufigkeit x Dauer) x Zuordnungsfaktor}}{\text{Belegungsdichte x Nutzungsdauer x Auslastungsfaktor}} = \text{Sportstättenbedarf}$$

Abb. 3: Grundformel zur Ermittlung des Sportstättenbedarfs (BISP, 2000)

Der Sportbedarf setzt sich, wie in der Formel beschrieben, aus den drei Komponenten „Sportler", „Häufigkeit" und „Dauer" zusammen. Unter den Sportlern versteht man die Personen, welche die neuzubauende Anlage nach Fertigstellung durch Ausüben verschiedener Sportarten nutzen möchten. Die Häufigkeit bestimmt, wie oft die Sportstätte wöchentlich von verschiedenen Nutzergruppen frequentiert wird. Die Dauer besagt hierbei, wie lange die Anlage für eine Übungseinheit genutzt wird.

Der Zuordnungsfaktor gibt an, zu welchem Anteil eine Sportart auf der jeweiligen Sportstätte ausgeübt werden soll.

Im Nenner der Formel steht zu Beginn die Belegungsdichte. Hierbei handelt es sich um die Anzahl an Sportlerinnen und Sportlern einer Sportart, die die Anlage gleichzeitig nutzen können oder sollen. Unter der Nutzungsdauer ist die wöchentliche Stundenanzahl zu verstehen, zu der die Sportanlage genutzt wird bzw. genutzt werden soll. Mit diesem, ebenso wie mit dem vorherigen Faktor der Belegungsdichte lässt sich als Betreiber einer solchen Anlage die Auslastung maßgeblich beeinflussen und im Sinne der Wirtschaftlichkeit verbessern. Dieser Auslastungsfaktor besagt, zu wie viel Prozent eine Anlage tatsächlich genutzt wird. Zwar wäre es wünschenswert, eine Auslastung von 100% zu erreichen, dies ist allerdings nur in den seltensten Anlagen wirklich der Fall. Es können einerseits durch eine „programmierte Nutzung" hohe Auslastungen erzielt werden, da genau festgelegt ist, welche Gruppe jede Woche wann und in welchem Hallenteil trainiert. Andererseits gibt es immer auch Zeiten, zu denen die Sportler nicht trainieren können oder möchten. Auch das Wetter hat bei der Auslastung, vor Allem bei ungedeckten Anlagen, einen großen Einfluss darauf, wie gut die Anlage ausgelastet ist.

2.2 Berechnung des Sportstättenbedarfss

$$\frac{\text{Sportbedarf (Sportler x Häufigkeit x Dauer) x Zuordnungsfaktor}}{\text{Belegungsdichte x Nutzungsdauer x Auslastungsfaktor}} = \text{Sportstättenbedarf}$$

Abb. 4: Grundformel zur Ermittlung des Sportstättenbedarfs (BISP, 2000)

$((24000 \times 1,5 \times 1,8) \times 0,5) : (25 \times 30 \times X) = 70$

$(64800 \times 0,5) : (750X) = 70$

$(32400) : (750X) = 70$

4

32400 = 52500X

32400 : 52500 = X

0,617 = X

Aus dieser Rechnung lässt sich ablesen, dass der Sportbedarf, als Summe aus den Sportlern, der Häufigkeit und der Dauer 64.800 Personen beträgt. Der errechnete Auslastungsfaktor der Stadt Mannheim für den Fußballsport liegt bei 0,62.

2.3 Förderinteressen

Der Aussage zur Förderung des Sports in der Bundesrepublik Deutschland kann ich nicht
zustimmen. Generell ist die Förderung des Spitzensports eine Aufgabe der Bundesregie-
rung bzw. des Bundesministerium des Innern und die Breitensportförderung eine Ange-
legenheit der Bundesländer und Kommunen.
Verschiedene Gründe liegen vor, die für eine derartige Aufteilung der Förderinteressen
bestimmend sind. Diese werde ich im Folgenden darstellen.

Die Förderung durch das Innenministerium stellt sicher, dass die Sportfachverbände
Deutschlands optimale Trainings- und Wettkampfbedingungen für Ihre Spitzensportler
haben. Der Hauptnutzen liegt dabei in der Verbesserung des internationalen Image der
Bundesrepublik Deutschland durch viele herausragende Erfolge von deutschen Sportlerinnen und Sportlern. Diese wiederum motivieren mit Ihrem Auftreten bei Wettkämpfen
und außerhalb dieser viele „junge und alte, behinderte und nicht behinderte Menschen,
ihnen nachzueifern". Dadurch könne „der Sport seine soziale und integrative Kraft ent-
falten" (bmi.bund.de, 2019a).
Im Gegensatz dazu ist die Förderung des Breitensports, welcher deutlich mehr Menschen
unmittelbar zugutekommt, im Interesse der Bundesländer und Kommunen. Der Breitensport im Verein stellt für fast ein Drittel der gesamtdeutschen Bevölkerung mit Ihrer Mit-
gliedschaft in Vereinen eine sinnvolle Freizeitbeschäftigung dar, fördert einen gesunden
Lebensstil und stärkt die Gemeinschaft (bmi.bund.de, 2019b). Durch die Fördermaßnah-
men im Breitensport soll jedem Menschen ein einfacher Zugang zum Sport ermöglicht
werden.

3   Finanzierung und Betrieb von Sportanlagen

3.1   Investition und Finanzierung

Zunächst werden in der folgenden Tabelle die jährlichen Einzahlungen zusammengefasst und vereinheitlicht in Netto-Werten dargestellt. Unter die Einzahlungen fällt die monatliche Netto-Miete der Stadt in Höhe von 1.000 €. Zu diesen 12.000 € jährlich kommen die Mehreinnahmen von 60.000€ brutto im ersten Jahr. In den Folgejahren steigt der Wert um jeweils 15%.

An Auszahlungen, welche in der Tabelle nicht aufgeführt sind, fallen lediglich die Betriebs- und Instandhaltungskosten in Höhe von jährlich 100.000€ (netto) an. Diese steigen pro Jahr um 3%.

Tab. 1: Einzahlungen

Jahr	Einzahlungen	
	brutto (in €)	netto (in €)
1	60000	50420,1681 +12000
2	69000	57983,19 +12000
3	79350	66680,67 +12000
4	91252,5	76682,77 +12000
5	104940,375	88185,19 +12000

Die nächste Abbildung zeigt die Rechnung zur Abzinsung der Ein- und Auszahlungen und damit die Berechnung der Barwerte. Die Anfangsinvestition von 3.000.000€ wird letztendlich von der Differenz der Barwerte der Ein- und Auszahlungen abgezogen, um den Kapitalwert zu erhalten.

6

Tab. 2: Abzinsung der Ein- und Auszahlungen

Jahre	Einzahlungen	Abzinsung	Barwert	Auszahlungen	Abzinsung	Barwert	Differenz der Barwerte
1	62420,16807	1,12^-1	55732,29292	100000	1,12^-1	89285,71429	-33553,42137
2	69983,19328	1,12^-2	55790,17321	103000	1,12^-2	82110,96939	-26320,79618
3	78680,67227	1,12^-3	56003,34841	106090	1,12^-3	75512,76649	-19509,41808
4	88682,77311	1,12^-4	56359,50555	109272,7	1,12^-4	69444,77633	-13085,27078
5	100185,18908	1,12^-5	56847,76683	112550,881	1,12^-5	63864,39251	-7016,62568
Summe							-99485,53209

Anfangsinvestition: 3.000.000,-

Kapitalwert: **-99.485,53209 – 3.000.000 = - 3.099.485,53209**

Der Kapitalwert beträgt -3.099.485,53€.

3.2 Auslastungsanalyse einer Sportanlage

Um eine Sportanlage wirtschaftlich betreiben zu können, sind Leerzeiten, also Zeiten, in denen die Anlage nicht genutzt wird bzw. werden kann, zu vermeiden. Eine möglichst hohe Auslastung ist das Ziel. Diese maximal mögliche Auslastung variiert je nach Art der Anlage, wobei z.B. Sporthallen oft eine Auslastung von bis zu 80% erreichen, während ein Naturrasenplatz meist nur zu 30-40% ausgelastet ist. Eine Auslastung von 100% wäre zwar wünschenswert, ist aber wegen verschiedener Faktoren praktisch nicht zu erreichen. Ein Beispiel dafür ist, dass jede Sportgruppe bestimmte Wunschzeiten für ihr Training hat und es dadurch zu Spitzenzeiten der Auslastung, aber auch zu Randzeiten kommt, in denen die Halle nur minimal ausgelastet ist.

Um die Auslastung zu optimieren lässt sich eine programmierte Hallennutzung wie folgt analysieren:

Grundsätzlich wird die tatsächliche Nutzung mit der maximal möglichen Auslastung verglichen. Dabei genügt es allerdings nicht, nur die Belegungspläne zu vergleichen. Es muss vor Allem auf die Anzahl der trainierenden Personen, also die „Belegungsdichte", sowie die „Nutzungsdauer", also wie lange die Halle tatsächlich von einzelnen Gruppen genutzt wird, eingegangen werden.

Um die Auslastung in Prozent zu berechnen werden die „Ist-Sportlerstunden" durch die „Soll-Sportlerstunden" dividiert und das Ergebnis mit „100" multipliziert. Die „Ist-Sportlerstunden" stellen die Gesamtheit der wöchentlichen Stunden dar, in der jeder einzelne

Sportler die Sporthalle genutzt hat. Die Ist-Belegungsdichte an den Wochentagen wird dafür mit der zugehörigen Ist-Nutzungszeit multipliziert und die Zahlen von Montag bis Freitag aufaddiert. Die Soll-Sportlerstunden lassen sich ähnlich berechnen. Es werden die Soll-Belegungsdichten mit den Nutzungszeiten multipliziert und addiert.

Um die Kapazitätsreserve der Anlage, also den Anteil, der an Hallennutzung aktuell noch nicht vergeben ist, zu bestimmen, wird die tatsächliche Auslastung von der maximalen Nutzungskapazität subtrahiert.

Tab. 3: Auslastungsanalyse

Belegungs-Zeitraum	Belegung			
	Stunden	Sportart	Belegungsdichte (Sportler)	
			Ist	Soll
Montag, 17.00 - 18.30 Uhr	1,5	Handball	14	12
Dienstag, 20.00 - 21.30 Uhr	1,5	Keine Belegung	0	15
Mittwoch, 19.00 - 21.30 Uhr	2,5	Basketball	15	20
Donnerstag, 20.00 - 22.00 Uhr	2	Fußball	18	15
Freitag, 19.00 - 20.00 Uhr	1	Badminton	5	15
Summe	8,5		52	77
			Auslastung	
			Ist	Soll
Ist-Nutzungsdauer (Std/Wo)			7	
Soll-Nutzungsdauer (Std/Wo)				8,5
Ist-Sportler			52	
Soll-Sportler				77
Ist-Sportlerstunden (Spo x Std/Wo)			99,5	
Soll-Sportlerstunden (Spo x Std/Wo)				135,5
Auslastung in %			73,43%	
Maximale Nutzungskapazität			83%	
Kapazitätsreserve			9,57%	

Die Rechenwege zu den einzelnen Parametern sind in folgender Tabelle dargestellt:

8

Tab. 4: Rechenwege zur Auslastungsanalyse

Ist-Nutzungsdauer:	1,5 + 0 + 2,5 + 2 + 1 = 7 Stunden
Soll-Nutzungsdauer:	1,5 + 1,5 + 2,5 + 2 + 1 = 8,5 Stunden
Ist-Sportler:	14 + 0 + 15 + 18 + 5 = 52 Sportler/Woche
Soll-Sportler:	12 + 15 + 20 + 15 + 15 = 77 Sportler/Woche
Ist-Sportlerstunden:	(14 x 1,5 + 15 x 2,5 + 18 x 2 + 5 x 1) = 99,5 Sportlerstunden/Woche
Soll-Sportlerstunden:	(12 x 1,5 + 15 x 1,5 + 20 x 2,5 + 15 x 2 + 15 x 1) = 135,5 Sportlerstd/Wo
Auslastung:	(99,5 : 135,5) x 100 = 73,43%
Kapazitätsreserve:	83% - 73,43% = 9,57%

3.3 Auslastungsoptimierung

Unter der unrealistischen Annahme, dass sämtliche beteiligte Trainingsgruppen dazu bereit wären, ihre Trainingstage-, zeiten- und dauern zu verändern, um die Hallenauslastung zu optimieren, sollte die Badmintongruppe am Montagabend trainieren. Dienstags hätte die Handballmannschaft zur vorgegebenen Zeit die Halle, während einen Tag später, am Mittwoch, die Fußballer trainieren. Donnerstags wird Basketball gespielt und am Freitagabend bleibt die Halle ungenutzt. Durch diese Optimierungen wäre es möglich, die Kapazität um fast 3% auf 76, 38% zu steigern. Die Kapazitätsreserve läge dann nur noch bei 6,62%.

Die neue Ist-Auslastung wäre eine deutliche Verbesserung, da die Reserve zuvor mit fast 10% sehr hoch war. Wie einleitend angedeutet ist allerdings mit großen Schwierigkeiten und Hindernissen zu rechnen, wenn bei den betroffenen Vereinen verschiedener Sportarten bezüglich drastischer Änderungen in deren Trainingsstruktur angefragt wird. Vermutlich lässt sich diese Optimierung demnach nicht durchsetzen.

3.4 Nachhaltigkeit von Sportstätten

Die Nachhaltigkeit von Sportanlagen und Sportstätten zeichnet sich nach Hauff & Kleine (2009, S.7) durch die „Realisierung eines umwelt- und sozialverträglichen wirtschaftlichen Erfolgs unter gleichwertiger Berücksichtigung der drei Nachhaltigkeitsdimensionen „ökologisch", „ökonomisch" und „sozial"" aus.

Unter ökologischer Nachhaltigkeit kann dabei verstanden werden, dass mit natürlichen Ressourcen „weitsichtig und rücksichtsvoll" (Leymann, 2019) umgegangen wird. Die ökonomische Nachhaltigkeit lässt sich allgemein als „Maximierung des ökonomischen Ertrags bei gleichzeitiger Aufrechterhaltung der benötigten Eingangsressourcen" (Nowak, 2019a) definieren. Abschließend beschreibt die „soziale Nachhaltigkeit" „die bewusste Organisation von sozialen und kulturellen Systemen" (Nowak, 2019b).

In Bezug auf Sportanlagen und Sportstätten bedeutet Nachhaltigkeit, dass nicht nur kurzfristig eine neue Sportstätte errichtet wird, sondern schon in der Planung, aber auch beim Bau und während des Betriebs auf eine nachhaltige Vorgehensweise in möglichst allen Bereichen geachtet wird. Dabei kann beispielhaft der Kommune als Bauherrin auch eine gewisse Vorbildfunktion zugeordnet werden, da durch einen nachhaltigen Neubau, welcher medial präsent ist, das Augenmerk auf diese Thematik gelenkt wird.

Bezugnehmend auf die These zu den Olympischen Spielen ist sicherlich an einigen Aspekten erkennbar, dass Olympische Spiele, die gar nicht stattfinden, die nachhaltigsten sein könnten.

Seit zu den Olympischen Winterspielen in Lillehammer beschlossen wurde, dass Nachhaltigkeitskonzepte in Zukunft ein fester Bestandteil jeder Olympiabewerbung sein müssen, hat sich trotzdem gezeigt, dass auch mit großartigen Konzepten keine Garantie gegeben werden kann, dass die Ausrichterstadt und deren Einwohner langfristig von dem Großereignis profitieren.

Einerseits ist am Beispiel London gut erkennbar, dass hier viel Wert auf Nachhaltigkeit in einigen Bereichen gelegt wurde. So wurde das Olympiastadion nach den Wettkämpfen auf eine Mindestkapazität zurückgebaut, Sporthallen wurden temporär errichtet und auch bei den darauffolgenden Spielen in Rio de Janeiro wiederverwendet. Die Parkanlagen um die Wettkampfstätten herum sollten danach als Treffpunkt des Stadtteils umfunktioniert werden und das Olympische Dorf wurde schon vor den eigentlichen Olympischen Spielen an externe Investoren verkauft, um Wohnungen daraus zu machen. All das und noch viele weitere Aspekte lassen den Anschein erwachen, dass auch Jahre oder Jahrzehnte nach der eigentlichen Großveranstaltung in London davon profitiert wird. Demgegenüber stehen allerdings sämtliche Mehraufwände, die geleistet werden müssen, um die Spiele durchzuführen. Gerade in der Logistik wird beispielsweise massenhaft CO_2 ausgestoßen, um Materialien und auch Zuschauer, Sportler und Funktionäre zu befördern oder eben ganze

Arenen neu zu bauen. Viele Zuschauer und Athleten kommen zudem mit umweltbelastenden Interkontinentalflügen für den kurzen Aufenthalt in London eingeflogen. Hinzu kommt, dass einige „Legacy"-Vorstellungen, also dazu, was nach den Spielen mit sämtlichen Materialien, der Infrastruktur usw. passiert, nicht eintrafen. Viele Wohnungen im ehemaligen Olympischen Dorf wurden zu horrenden Preisen verkauft oder vermietet, sodass die eigentlich Bedürftigen des betroffenen Stadtteils keinen Vorteil mehr durch die umfangreichen Baumaßnahmen haben. Ebenso werden die Grünflächen nur spärlich genutzt, da sie aufgrund der Sicherheitsmaßnahmen 2012 zu weitläufig und ausladend wirken.

Da Olympische Spiele aber auch in Zukunft stattfinden werden, ist man insgesamt auf einem guten Weg, alle Vorgänge auf Nachhaltigkeit zu überprüfen und alles Mögliche dafür zu tun, auch nachfolgenden Generationen solche Großveranstaltungen, die der Völkerverständigung dienen und gerade Kinder zum Sport machen motivieren, zu ermöglichen.

4   Digitale Vermarktung von Sportanlagen und Sportstätten

Tab. 5: Digitale Vermarktungsmöglichkeiten einer Sportanlage

Möglichkeit	Mehrwert Betreiber	Mehrwert Fans	Mehrwert Sponsoren
WLAN im Stadion	-Ausgabe von Infos zum Spieltag an die Fans -Nutzerdatensammlung, um besser auf Bedürfnisse der Fans eingehen zu können	-schnelles Internet, um das erlebte direkt über Social Media mit Freunden zu teilen -Vernetzung der Fans über eine Community-App, die das Spieltagserlebnis aufwertet	-personalisierte Werbung kann über die gesammelten Daten direkt bei der gewünschten Zielgruppe geschaltet werden
Arena-App	-Steigerung der Attraktivität eines Heimspiels dank hilfreicher Funktionen -Besucherströme können z.B. besser	-exklusive Einblicke hinter die Kulissen der Mannschaft, sowie Live-Daten -Steigerung des Komfort durch Bestellung des Catering an den Sitzplatz	-direkte Ansprache der Anhänger des Vereins über App möglich

	zu weniger frequentierten Imbissbuden geleitet werden		
LED-Werbebanden (für virtuelle Werbung geeignet)	-Steigerung der Werbeeinnahmen, da mehr Werbeplätze vermarktet werden können -attraktive visuelle Ansprache der Besucher möglich, auch für Vereinsangelegenheiten	-emotionaleres Erlebnis vor Ort dank modernster Technik -abwechslungsreichere Spielfeldumgebung	-bei internationalen Top-Spielen kann für verschiedene Länder die jeweils passende Werbung auf den Banden gezeigt werden -Attraktive Inszenierung der eigenen Marke möglich
Augmented Reality	-Zuschauer können effizienter ans Ziel (Sitzplatz, Toilette etc.) geleitet werden, z.B. über virtuelle anzeigen in der Umgebung -Stadionerlebnis kann emotionaler gestaltet werden -> Bindung an den Verein	-Nähe zu den Spielern, z.B. virtuell in die Kabine hineinschauen -Live-Spieldaten wie z.B. Schussstärke direkt im Blickfeld	-außergewöhnliche virtuelle Aktivierung der Partnerschaft mit dem Verein möglich

5   Literaturverzeichnis

Bundesministerium des Innern (BMI). (2019a). *Sport.* Zugriff am 05.06.2019. Verfügbar unter https://www.bmi.bund.de/DE/themen/sport/sport-node.html; jsessionid=4DE1EF48E0C8A0BE2FBCBEC41A641EA8.2_cid364

Bundesministerium des Innern (BMI). (2019b). *Sport.* Zugriff am 05.06.2019. Verfügbar unter https://www.bmi.bund.de/DE/themen/sport/sport-node.html; jsessionid=4DE1EF48E0C8A0BE2FBCBEC41A641EA8.2_cid364

Hauff, M. & Kleine, A. (2009). *Nachhaltige Entwicklung. Grundlagen und Umsetzung.* München: Oldenbourg.

Köhl, W., Bach, L. (2000). *Kommentar zum Leitfaden für die Sportstättenentwicklungsplanung* (1. Aufl.). Bonn: Bundesinstitut für Sportwissenschaft (BISP).

Leymann, F. (2019). *ökologische Nachhaltigkeit.* Zugriff am 06.06.2019. Verfügbar unter https://wirtschaftslexikon.gabler.de/definition/oekologische-nachhaltigkeit-53450

Nowak, A. (2019a). *soziale Nachhaltigkeit.* Zugriff am 06.06.2019. Verfügbar unter https://wirtschaftslexikon.gabler.de/definition/soziale-nachhaltigkeit-53451

Nowak, A. (2019b). *ökonomische Nachhaltigkeit.* Zugriff am 06.06.2019. Verfügbar unter https://wirtschaftslexikon.gabler.de/definition/oekonomische-nachhaltigkeit-53449

6   Abbildungs- und Tabellenverzeichnis

6.1 Abbildungsverzeichnis

6.2 Tabellenverzeichnis